MARTINA KITTLER

SMOOTHIES

FOTOGRAFIE: COCO LANG

INHALT

Öffnen Sie die Klappen dieses Buches.
Dort finden Sie die wichtigsten Infos zum Thema auf einen Blick!

DAS PRINZIP:
SMOOTHIE

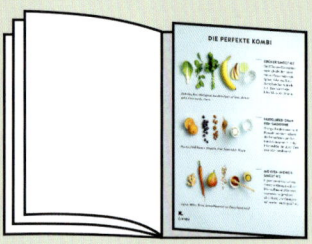

DIE PERFEKTE
KOMBI

Immer griffbereit:
SO GEHT'S:
SMOOTHIE MIXEN

Immer griffbereit:
SMOOTHIE-TIPPS
VOM PROFI

GU CLOU

Wussten Sie schon, dass …?
Entdecken Sie bei einigen ausgewähl-
ten Rezepten ganz besondere Tipps
mit verblüffendem Insiderwissen.
Aha-Momente garantiert!

Sammeln Ihrer Lieblingsrezepte
mit der »GU Kochen Plus«-App
(siehe S. 64)

REZEPTKAPITEL

06 ERFRISCHEND & PUR

26 CREMIG & SÄTTIGEND

44 TRENDIG & DE LUXE

MARTINA KITTLER

*Lieblingsfrühstück, Wachmacher am Arbeitsplatz oder Powerdrink:
Smoothies sind fix zubereitet, gut zu transportieren und stecken voller gesunder
Zutaten. Gönnen Sie sich damit täglich eine geballte Ladung Vitalstoffe!*

Warum sind Smoothies so beliebt?

Nicht jedem fällt es leicht, täglich wie empfohlen fünf Portionen Obst und Gemüse zu bewältigen. Da sind Smoothies gerade recht: Frisch zubereitet aus allem, was die Natur so bietet, schmecken die Mixgetränke nicht nur köstlich, sondern sind auch reich an wertvollen Nährstoffen. Mit Wasser oder einer anderen Flüssigkeit cremig aufgemixt (im Englischen: »smooth«), gehen auch große Portionen »leicht runter« und füllen den Magen, ohne ihn zu belasten. Ein Smoothie kann Frühstück, Refresher nach dem Sport oder auch die perfekte Mahlzeit für unterwegs sein: Rasch gemixt, lässt er sich in einer Trinkflasche überall mit hinnehmen.

Sind Smoothies gesund?

Ja klar! Sie enthalten Vitamine, Mineralstoffe und sekundäre Pflanzenstoffe in höchster Konzentration, dazu jede Menge Chlorophyll und Ballaststoffe. Durch das Aufbrechen der Pflanzenfasern im Mixer sind sie gut bekömmlich – das macht sie zu einer gesunden, vollwertigen Mahlzeit.

Braucht man einen Turbomixer?

Zum Ausprobieren reicht ein Haushaltsmixer oder Pürierstab. Langfristig lohnt aber der Kauf eines Hochleistungsmixers. Nur mit etwas Power werden die Zutaten optimal püriert und alle wertvollen Nährstoffe freigesetzt. Außerdem schmeckt ein Turbo-Smoothie einfach besser.

LIEBLINGS-SMOOTHIE MIT 5 ZUTATEN

2 Maracujas halbieren, Fruchtfleisch samt Kernen auslöffeln.

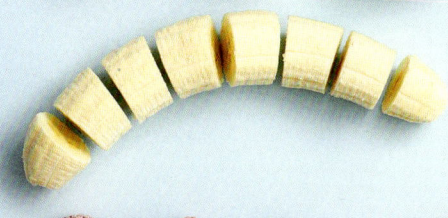

1 Banane schälen, in grobe Stücke schneiden …

… und mit 150 g TK-Beerenmischung, …

… 200 ml Kokoswasser …

… und 1 EL Honig in den Mixer geben.

Alles cremig pürieren und nach Wunsch mit etwas Wasser verdünnen. So kommt das intensive Aroma der Passionsfrucht am besten zur Geltung (für 2 Gläser à 250 ml).

ERFRISCHEND & PUR

ACE-SMOOTHIE

VITAMINREICH

2 junge Möhren
1 säuerlicher Apfel (z. B. Elstar)
1 kleine reife Banane
2 EL Zitronensaft
200 ml Möhrensaft
1 Orange
2 TL Walnussöl
1 EL zarte Haferflocken
2 TL Honig (nach Belieben)

GUT ZU WISSEN

Ein hochwertiger Standmixer mit viel Power kriegt selbst knackig-frische Möhren klein! Aber auch mit einem Haushaltsmixer funktioniert's: die Möhren einfach durch 100 ml fertigen Möhrensaft ersetzen.

1 Die Möhren putzen, unter kaltem Wasser abbürsten oder dünn schälen und in Stücke schneiden. Den Apfel waschen, abtrocknen, vierteln und entkernen. Die Apfelviertel in grobe Stücke schneiden. Die Banane schälen und klein schneiden.

2 Die Bananen-, Apfel- und Möhrenstücke in den Mixbehälter geben. Zitronensaft und Möhrensaft hinzufügen und alles erst auf kleiner, dann auf höchster Stufe gründlich pürieren, bis der Smoothie die gewünschte cremige Konsistenz hat.

3 Die Orange halbieren und auspressen. Den Orangensaft, das Öl, die Haferflocken und nach Belieben den Honig in den Mixer geben und alles nochmals kurz und kräftig mixen. Den Drink in Gläser verteilen und am besten sofort servieren. Alternativ ohne Deko in ein Schraubglas füllen und mitnehmen.

Für 2 große Gläser (à 350 ml) • Zubereitungszeit: 20 Min. • Pro Portion ca. 180 kcal, 3 g E, 12 g F, 14 g KH

AVOCADO-SPINAT-SMOOTHIE

BALLASTSTOFFREICH

50 g junger Blattspinat
½ Römersalatherz (ca. 50 g)
1 Stange Staudensellerie
   mit Grün
½ reife Avocado
1 kleiner süßer Apfel
   (z. B. Gala)
2 EL Zitronensaft
200 ml Trinkmolke
3 Msp. Chiliflocken
Salz
1 EL Honig
100 g Crushed Ice

1 Spinat verlesen, waschen und abtropfen lassen, 2 Blätter beiseitelegen. Vom Salat die Blätter lösen, putzen, waschen und mit dem Spinat in den Mixbehälter geben. Staudensellerie putzen, waschen, klein schneiden. Avocado entkernen und das Fruchtfleisch mit einem Löffel aus der Schale heben. Den Apfel waschen, abtrocknen, vierteln und entkernen. Die Viertel in grobe Stücke schneiden.

2 Avocado, Sellerie und Apfel nacheinander zu den Blättern in den Mixbehälter geben. Zitronensaft und Molke zugießen und alles erst auf kleiner, dann auf höchster Stufe fein pürieren.

3 2 Msp. Chiliflocken, 1 Prise Salz, Honig und Crushed Ice hinzufügen und gut durchmixen. Falls der Drink zu dickflüssig ist, etwas kaltes Wasser untermischen. Den Smoothie in Gläser verteilen, mit übrigen Chiliflocken und Spinatblättern garnieren. Am besten sofort servieren oder ohne Deko in ein Schraubglas füllen und mitnehmen.

Für 2 große Gläser (à 350 ml) • Zubereitungszeit: 20 Min. • Pro Portion ca. 170 kcal, 3 g E, 2 g F, 36 g KH

TROPICAL MANGO-MIX

VEGAN

1 reife Mango (ca. 400 g)
2 Orangen
1 Stück Ingwer (ca. 1 cm lang)
1 Chicorée
½ TL gemahlene Kurkuma
125 ml Kokoswasser (ersatz-
*   weise stilles Mineralwasser)*
1 EL Agavendicksaft
*   (nach Belieben)*

1 Die Mango schälen, das Fruchtfleisch großzügig vom Stein schneiden. Zwei Spalten zum Garnieren abschneiden und beiseitelegen, den Rest in grobe Stücke schneiden. Eine Orange schälen und das Fruchtfleisch in grobe Stücke schneiden, den abtropfenden Saft dabei auffangen. Die zweite Orange halbieren und auspressen. Den Ingwer schälen und fein würfeln. Den Chicorée längs halbieren, waschen, vom Strunk befreien und in grobe Stücke schneiden.

2 Erst den Chicorée, danach Mango, Orangenstücke, Ingwer und Kurkuma in den Mixbehälter geben. Mit Orangensaft und Kokoswasser auffüllen. Alles zunächst auf kleiner, dann auf höchster Stufe sehr fein pürieren. Nach Belieben Agavendicksaft kurz untermixen.

3 Den Smoothie in Gläser gießen, je eine Mangospalte an den Glasrand stecken. Am besten sofort servieren oder ohne Deko als Smoothie to go in ein Schraubglas füllen und mitnehmen.

Für 2 große Gläser (à 350 ml) • Zubereitungszeit: 20 Min. Zubereitung • Abkühlzeit: 1 Std. •
Auftauzeit: ca.10 Min. • Pro Portion ca. 160 kcal, 3 g E, 6 g F, 22 g KH

MELONEN-MINZE-FREEZER

SOMMER-REZEPT

½ Bund Minze
125 g TK-Himbeeren
400 g Wassermelone
2 getrocknete Soft-Datteln
  (entsteint)
1 EL Mandelmus
2 EL Zitronensaft
2 TL Honig (nach Belieben)
6 Eiswürfel (ca. 50 g)

1 Die Minze abbrausen und trocken schütteln, 2 kleine Zweige beiseitelegen. Die übrigen Minzeblätter von den Zweigen zupfen (ca. 10 g) und in eine Kanne geben. Mit 200 ml kochendem Wasser übergießen, etwa 10 Min. ziehen lassen. Dann den Tee durch ein Sieb gießen und etwa 1 Std. abkühlen lassen.

2 Die TK-Himbeeren ca. 10 Min. antauen oder bei einem weniger leistungsstarken Mixer komplett auftauen lassen. Die Wassermelone schälen, entkernen und das Fruchtfleisch in grobe Stücke schneiden. Mit den Himbeeren in den Mixbehälter geben. Die Datteln klein schneiden. Mit dem Mandelmus, Zitronensaft und Minzetee zu den Früchten geben und alles erst auf kleiner, dann auf höchster Stufe cremig-fein pürieren.

3 Den Smoothie nach Belieben mit Honig süßen. Die Eiswürfel in Gläser verteilen, den Smoothie darübergießen und mit je einem kleinen Minzezweig garnieren. Am besten sofort servieren oder ohne Deko in ein Schraubglas füllen und mitnehmen.

TAUSCH-TIPP

Der Minzetee bringt eine erfrischende Note in den Smoothie. Lieblicher wird er mit Früchte- oder Hagebuttentee, leicht herb mit grünem Tee.

GU CLOU

Dank der TK-Beeren wird der Smoothie gleich beim Mixen heruntergekühlt und erhält durch die fein zerteilten Eiskristalle in den Himbeeren eine herrlich cremig-softe und löffelfeste Konsistenz.

Für 2 Gläser (à 250 ml) • Zubereitungszeit: 15 Min. • Pro Portion ca. 100 kcal, 2 g E, 2 g F, 16 g KH

BRUNNENKRESSE-BIRNEN-MIX

VEGAN

*80 g Brunnenkresse (ersatz-
   weise junger Blattspinat)*
½ Römersalatherz (ca. 50 g)
200 g reife Papaya
*1 reife grüne Birne
   (z. B. Forelle)*
2 EL Limettensaft
*200 ml Kokoswasser (ersatz-
   weise stilles Mineralwasser)*
*1 EL Agavendicksaft
   (nach Belieben)*

1 Brunnenkresse verlesen, waschen. Einige Stiele zum Garnieren beiseitelegen, die übrige Kresse grob schneiden. Vom Salat die Blätter lösen, waschen, putzen und grob schneiden. Papaya entkernen, schälen und ebenfalls grob schneiden. Die Birne waschen, abtrocknen, vierteln und entkernen, die Viertel in Stücke schneiden.

2 Erst die Brunnenkresse und den Salat, danach Papaya und Birne in den Mixbehälter geben. Den Limettensaft und das Kokoswasser hinzufügen und alles zunächst auf kleiner, dann auf höchster Stufe fein pürieren. Nach Belieben noch mit Agavendicksaft süßen und diesen kurz untermixen. Den Smoothie in Gläser füllen und mit der beiseitegelegten Brunnenkresse dekorieren, am besten sofort servieren. Alternativ in ein Schraubglas füllen und mitnehmen.

Für 2 Gläser (à 250 ml) • Zubereitungszeit: 10 Min. • Pro Portion ca. 100 kcal, 3 g E, 1 g F, 19 g KH

GRÜNER MANGOLD-SMOOTHIE

VEGAN

200 g Mangoldblätter
   (ohne Stiele)
100 g Salatgurke
1 Banane
6 Stängel Petersilie
1 Zweig Minze
2 EL Zitronensaft
150 ml Apfelsaft
2 Msp. gemahlene Vanille

1 Mangold waschen, dicke Mittelrippen entfernen und Blätter grob schneiden. Die Gurke putzen, waschen und in große Stücke schneiden. Banane schälen und in Stücke zerteilen. Petersilie und Minze abbrausen, trocken schütteln und samt Stielen grob schneiden.

2 Erst den Mangold, danach Gurke, Banane und Kräuter in den Mixbehälter geben. Zitronensaft, Apfelsaft und Vanille hinzufügen und alles zunächst auf kleiner, dann auf höchster Stufe glatt pürieren. Falls die Konsistenz zu dick ist, noch etwas kaltes Wasser untermixen. Den Smoothie auf zwei Gläser verteilen und am besten sofort servieren. Alternativ in ein Schraubglas füllen und mitnehmen.

Für 2 Gläser (à 250 ml) • 10 Min. Zubereitung •
Pro Portion ca. 200 kcal, 3 g E, 4 g F, 37 g KH

Für 2 große Gläser (à 350 ml) •
Zubereitungszeit: 10 Min. • Auftauzeit: ca. 10 Min. •
Pro Portion ca. 175 kcal, 4 g E, 3 g F, 30 g KH

BIRNEN-SMOOTHIE

FÜR KINDER

2 Baby-Fruchtgläschen Birne (à 125 g) •
100 ml Orangensaft • 1 EL Sonnenblumenkerne •
4 EL Sanddornmark mit Honig (aus dem Bioladen,
ersatzweise 2 EL Honig und 2 EL Orangensaft)

1 Birnenmus in den Mixbehälter geben. Das
Gläschen mit dem Orangensaft ausspülen und
den Saft zum Mus gießen. Sonnenblumenkerne
und Sanddornmark gleichfalls hinzufügen und
alles zunächst auf kleiner, dann auf hoher Stufe
pürieren, bis der Smoothie schön cremig ist.

2 Abschließend 100 ml Wasser zugeben
und kurz untermixen, bis der Smoothie die
gewünschte Konsistenz hat. Den Drink in Gläser
verteilen und am besten sofort servieren oder in
ein Schraubglas füllen und mitnehmen.

ROTER VITAMIN-SHOT

VITAMINREICH

200 g TK-Beerenmischung (z. B. Brombeeren, Hei-
delbeeren, Himbeeren) • 150 g Rote Bete (vorgegart
und vakuumiert) • 1 Stück Ingwer (ca. 1 cm lang) •
1 EL Walnusskerne • 200 ml Multivitaminsaft •
100 ml stilles Mineralwasser • 4 TL Honig

1 Die TK-Beeren ca. 10 Min. antauen oder bei
einem weniger leistungsstarken Mixer komplett
auftauen lassen. Die Roten Beten in grobe Stücke schneiden. Ingwer schälen, fein würfeln.

2 Erst Beeren, dann Rote Bete, Ingwer und Walnusskerne in den Mixbehälter geben. Saft und
Mineralwasser angießen und alles auf kleiner und
schließlich auf höchster Stufe fein pürieren.

3 Den Honig hinzufügen und kurz und kräftig
untermixen. Den Smoothie in Gläser verteilen
und am besten sofort servieren. Alternativ in ein
Schraubglas füllen und mitnehmen.

*Für 2 große Gläser (à 350 ml) •
Zubereitungszeit: 10 Min. • Auftauzeit: ca. 10 Min. •
Pro Portion ca. 270 kcal, 5 g E, 6 g F, 48 g KH*

*Für 2 Gläser (à 250 ml) •
Zubereitungszeit: 10 Min. • Abkühlzeit: 10 Min. •
Pro Portion ca. 225 kcal, 2 g E, 0 g F, 51 g KH*

EXOTIC GREENIE

VEGAN

*100 g TK-Blattspinat • 1 Dose Ananasstücke
im eigenen Saft (435 g) • 1 EL Cashew-Mus •
2 EL zarte Haferflocken • 200 ml Kokoswasser •
2 TL Agavendicksaft (nach Belieben)*

1 Den TK-Blattspinat ungefähr 10 Min. antauen
oder bei einem weniger leistungsstarken Mixer
komplett auftauen lassen.

2 Die Ananasstücke samt Saft in den Mixbehälter geben und fein pürieren. Blattspinat,
Cashew-Mus und Haferflocken zugeben. Mit
Kokoswasser auffüllen und alles zunächst auf
kleiner, dann auf höchster Stufe durchmixen, bis
die Konsistenz schön cremig ist.

3 Den Smoothie nach Belieben mit Agavendicksaft süßen und diesen kurz untermixen. Auf zwei
Gläser verteilen und am besten sofort servieren
oder in ein Schraubglas füllen und mitnehmen.

PUNSCH-DRINK

WINTER-REZEPT

*1 Stück Ingwer (ca. 1 cm lang) • 150 ml Kirschsaft •
1 Beutel Glühweingewürz • 150 g getrocknete
Soft-Pflaumen (entsteint) • 2 Msp. Zimtpulver •
2 TL Honig (nach Belieben)*

1 Den Ingwer schälen und fein würfeln. Den
Kirschsaft mit Ingwer und Glühweingewürz
aufkochen und ca. 5 Min. ziehen lassen. Anschließend durch ein Sieb gießen und den Punsch
ungefähr 10 Min. abkühlen lassen.

2 Die Soft-Pflaumen mit dem abgekühlten
Punsch und 250 ml Wasser in den Mixbehälter
geben. Alles zunächst auf kleiner, dann auf
höchster Stufe cremig-fein pürieren.

3 Zimt und nach Belieben auch Honig hinzufügen und kurz untermixen. Den Drink in Gläser
verteilen und lauwarm servieren oder in ein Glas
füllen, mitnehmen und nach Belieben erhitzen.

MELONEN-GAZPACHO-SMOOTHIE

VEGAN

2 große Tomaten (ca. 200 g)
200 g Cantaloupe-Melone
1 rote Spitzpaprika
100 g Staudensellerie mit Grün
1 rote Chilischote
½ Bio-Zitrone
1 EL Olivenöl
100 ml Gemüsebrühe
50 g Crushed Ice
Salz, Pfeffer

TAUSCH-TIPP

Der Drink schmeckt auch mit grünem Gemüse köstlich. Nehmen Sie statt der roten Früchte zur Abwechslung Salatgurke, hellgrüne Spitzpaprika und 1 kleine grüne Chilischote.

1 Tomaten waschen, halbieren und von den Stielansätzen befreien. Die Melone entkernen, schälen, grob würfeln. Spitzpaprika waschen, halbieren, weiße Trennwände und Kerne entfernen und klein schneiden. Den Sellerie waschen, putzen und in grobe Stücke teilen. Chilischote waschen, halbieren und samt Kernen in dünne Ringe schneiden. Die Zitrone heiß waschen, abtrocknen. Schale fein abreiben, Saft auspressen.

2 Erst Tomaten und Melone, danach Paprika, Sellerie und Chiliringe in den Mixbehälter geben. Zitronenschale, 1 EL Zitronensaft und Öl zugeben. Brühe angießen und alles zunächst auf kleiner, dann auf höchster Stufe fein pürieren.

3 Zuletzt das Crushed Ice kurz und kräftig untermixen, bis das Eis zerkleinert ist. Den Smoothie mit Salz und Pfeffer abschmecken und in Gläser verteilen, am besten sofort servieren. Alternativ in ein Schraubglas füllen und mitnehmen.

Für 2 große Gläser (à 350 ml) • Zubereitungszeit: 10 Min. • Pro Portion ca. 140 kcal, 3 g E, 8 g F, 17 g KH

KOHLRABI-APFEL-CREAMY

VEGAN

2 Blätter Kopfsalat (ca. 50 g)
½ kleiner Kohlrabi mit Grün
(ca. 150 g)
1 kleiner Apfel (z. B. Elstar)
1 EL Haselnussmus
2 TL Zitronensaft
250 ml Kokoswasser (ersatz-
weise stilles Mineralwasser)
½ TL mildes Currypulver
2 TL Apfeldicksaft
einige Gänseblümchen
(nach Belieben)

1 Vom Salat die Blätter lösen, putzen, waschen und grob schneiden. Den Kohlrabi putzen, schälen und grob würfeln oder bei einem weniger leistungsstarken Mixer raspeln. Die Blätter waschen und ebenfalls grob schneiden. Den Apfel waschen, abtrocknen, vierteln und entkernen. Die Apfelviertel in Stücke schneiden.

2 Erst den Salat und die Kohlrabiblätter, danach die Kohlrabi- und Apfelstücke in den Mixbehälter geben. Haselnussmus, Zitronensaft und Kokoswasser hinzufügen und alles zunächst auf kleiner, dann auf höchster Stufe cremig und glatt pürieren.

3 Das Currypulver und den Apfeldicksaft zugeben und kurz untermixen. Den Smoothie in Gläser verteilen und nach Belieben mit Gänseblümchen garnieren, am besten sofort servieren. Alternativ ohne die Garnierung in ein Schraubglas füllen und mitnehmen.

Für 2 große Gläser (à 350 ml) • Zubereitungszeit: 10 Min. • Pro Portion ca. 165 kcal, 4 g E, 2 g F, 30 g KH

ROTKOHL-CLEMENTINEN-MIX

VITAMINREICH

125 g Rotkohlblätter
1 Clementine
1 Kiwi
½ Banane
2 getrocknete Soft-Feigen
2 TL Chia-Samen
250 ml Trinkmolke
1 Msp. Zimtpulver
2 TL Honig (nach Belieben)

1 Die Rotkohlblätter putzen, waschen, die dicken Mittelrippen entfernen und die Blätter in grobe Stücke oder bei einem weniger leistungsstarken Mixer in feine Streifen schneiden. Die Clementine schälen und in Spalten teilen. Die Kiwi und Banane schälen und in Scheiben schneiden. Die Feigen in Stücke schneiden.

2 Erst den Rotkohl, danach das vorbereitete Obst in den Mixbehälter füllen. Chia-Samen dazugeben. Mit Molke aufgießen und alles zunächst auf kleiner, dann auf höchster Stufe cremig-fein pürieren.

3 Zimtpulver und nach Belieben den Honig kurz und kräftig untermixen. Den Smoothie in Gläser verteilen und am besten sofort servieren. Alternativ in ein Schraubglas füllen und mitnehmen.

GU
CLOU

Grünkohl gibt's nur von November bis Januar: zur Bevorratung alle Zutaten klein schneiden, roh in einen Gefrierbeutel füllen und tiefkühlen. Bei Bedarf den tiefgekühlten Inhalt in den Mixbehälter geben, mit etwa 200 ml kochendem Wasser übergießen und das Ganze cremig-fein pürieren.

GRÜNKOHL-TRAUBEN-SMOOTHIE

VITAMINREICH

50 g zarte Grünkohlblätter
1 Mini-Salatgurke
1 Stück Fenchel (ca. 50 g)
100 g grüne Weintrauben
½ grüner Apfel
  (z. B. Granny Smith)
½ Limette
6 Stängel Petersilie
150 ml stilles Mineralwasser
1 EL Honig (nach Belieben)
2 TL geschroteter Leinsamen

TAUSCH-TIPP

Außerhalb der Grünkohl-Saison
können Sie den Drink mit jun-
gem Blattspinat, Spitzkohl oder
zartem Wirsing zubereiten.

1 Den Grünkohl putzen, waschen, die Blätter von den Stielen zupfen und klein schneiden. Die Gurke putzen, waschen und würfeln. Den Fenchel putzen, waschen und ebenfalls würfeln. Die Weintrauben abbrausen, von den Stielen zupfen und halbieren. Den Apfel waschen, abtrocknen, vierteln und entkernen. Die Apfelviertel in Spalten schneiden. Die Limette schälen, dabei die weiße Haut weitgehend belassen. Dann das Fruchtfleisch in grobe Stücke schneiden. Die Petersilie abbrausen, trocken schütteln und die Blätter abzupfen.

2 Erst Grünkohl und Petersilie, danach Gurke, Trauben, Apfel, Fenchel und Limette in den Mixbehälter füllen. Das Mineralwasser zugießen und alles zunächst auf kleiner, dann auf höchster Stufe sämig und glatt pürieren. Dabei zwischendurch immer wieder kurz stoppen und die Zutaten bei Bedarf mit einem Teigschaber vom Behälterrand nach unten schieben.

3 Den Smoothie nach Belieben mit Honig süßen und diesen kurz untermixen. Den Drink auf Gläser verteilen. Mit geschrotetem Leinsamen bestreuen und am besten sofort servieren. Alternativ ohne Deko in ein Schraubglas füllen und mitnehmen.

Für 2 große Gläser (à 350 ml) • Zubereitungszeit: 15 Min. • Pro Portion ca. 250 kcal, 3 g E, 7 g F, 37 g KH

GRANATAPFEL-ERDBEER-MIX

VEGAN

1 Granatapfel
200 g Erdbeeren
200 g reife Papaya
1 kleine Birne
1 EL Haselnussmus
75 g Crushed Ice
1 EL Grenadinesirup
(nach Belieben)

1 Den Granatapfel vierteln und die Kerne mit einer Gabel vorsichtig herauslösen, dabei den abtropfenden Saft auffangen. Die Erdbeeren abbrausen, entkelchen und halbieren. Die Papaya entkernen, schälen und in Stücke schneiden. Die Birne waschen, abtrocknen, vierteln und entkernen. Die Birnenviertel grob zerteilen.

2 Erst Erdbeeren und Papaya, danach Granatapfelkerne und den aufgefangenen Saft sowie die Birnenstücke in den Mixbehälter füllen. Haselnussmus und 100 ml Wasser hinzufügen und alles zunächst auf kleiner, dann auf höchster Stufe fein pürieren.

3 Crushed Ice zugeben und so lange mixen, bis der Smoothie eine glatte Konsistenz aufweist. Nach Belieben mit Grenadinesirup süßen und diesen kurz untermixen. In Gläser verteilen und am besten sofort servieren. Alternativ in ein Schraubglas füllen und mitnehmen.

Für 2 große Gläser (à 350 ml) • Zubereitungszeit: 20 Min. • Abkühlzeit: ca. 10 Min. •
Pro Portion ca. 140 kcal, 1 g E, 1 g F, 14 g KH

GURKEN-BASILIKUM-SMOOTHIE

MIT ALKOHOL

1 Teebeutel Holunderblüte-
   Limette
1 Mini-Salatgurke (ca. 150 g)
1 grüner Apfel
   (z. B. Granny Smith)
2 Stängel Basilikum
3 EL Limettensaft
3 EL Holunderblütensirup
200 ml kalter Prosecco
   (ersatzweise Mineralwasser
   mit Kohlensäure)

1 Den Teebeutel mit 200 ml kochendem Wasser übergießen und alles etwa 8 Min. ziehen lassen, dann den Beutel entfernen und den Tee ca. 10 Min. abkühlen lassen. Die Gurke putzen, waschen, 2 gleich große Scheiben abschneiden und beiseitelegen, den Rest grob würfeln. Den Apfel waschen, abtrocknen, vierteln und entkernen. Die Apfelviertel in Stücke schneiden. Basilikum kurz abbrausen, trocken schütteln, die Blätter abzupfen und grob schneiden.

2 Erst Gurke und Basilikum, danach den Apfel in den Mixbehälter geben. Tee, Limettensaft und Sirup zugeben und alles zunächst auf kleiner, dann auf höchster Stufe fein pürieren. Prosecco kurz untermixen. Den Drink in Gläser füllen und nach Belieben mit je einer Gurkenscheibe garnieren. Mit einem Rührstick sofort servieren.

CREMIG & SÄTTIGEND

PINK-GRAPEFRUIT-SMOOTHIE

VITAMINREICH

1 Pink Grapefruit
150 g Erdbeeren
1 Banane
¼ Vanilleschote
1 EL Zitronensaft
200 g Joghurt
2 EL zarte Haferflocken
1 EL Ahornsirup
50 ml stilles Mineralwasser

1 Die Grapefruit schälen, dabei die weiße Haut weitgehend belassen. Das Fruchtfleisch grob schneiden und mit dem abgetropften Saft in den Mixbehälter geben. Erdbeeren abbrausen, 2 schöne Früchte zum Garnieren beiseitelegen, die übrigen entkelchen. Die Banane schälen und in Scheiben schneiden.

2 Erdbeeren und Banane ebenfalls in den Mixbehälter geben. Vanilleschote, Zitronensaft und Joghurt hinzufügen und alles zunächst auf kleiner, dann auf höchster Stufe sehr fein pürieren.

3 Zum Schluss die Haferflocken, den Ahornsirup und das Mineralwasser zugeben und nochmals kurz und kräftig mixen, bis der Drink die gewünschte Konsistenz hat.

4 Den Drink in Gläser füllen. Die übrigen Erdbeeren einschneiden, an den Glasrand stecken. Am besten sofort servieren oder ohne Deko in ein Schraubglas füllen und mitnehmen.

GU CLOU

Die weiße Haut der Grapefruit verleiht dem Smoothie eine dezente Bitternote. Grund dafür ist Naringin, ein wertvoller Bitterstoff, der freie Radikale bindet und damit dem Zellschutz dient. Außerdem regt er die Verdauung an und kann Cholesterin abbauen. Es lohnt sich also, die weiße Haut nicht komplett zu entfernen.

Für 2 große Gläser (à 350 ml) • Zubereitungszeit: 15 Min. • Auftauzeit: ca. 10 Min. •
Pro Portion ca. 205 kcal, 8 g E, 7 g F, 25 g KH

HEIDELBEER-DRINK

SCHNELL

150 g TK-Heidelbeeren
1 Banane
1 Stück Vanilleschote
(ca. 1 cm lang)
1 EL Mandelmus
1 EL Ahornsirup
300 g Buttermilch
2 Zweige Minze

1 Die TK-Heidelbeeren ca. 10 Min. antauen oder bei einem weniger leistungsstarken Mixer ganz auftauen lassen.

2 Die Banane schälen und in grobe Stücke schneiden. Zusammen mit Heidelbeeren, Vanilleschote, Mandelmus, Ahornsirup und Buttermilch in den Mixbehälter geben und alles zunächst auf kleiner, dann auf höchster Stufe sehr fein pürieren.

3 Falls der Drink zu dickflüssig ist, nach Belieben mit etwas Wasser bis zur gewünschten Konsistenz verdünnen. Den Smoothie in Gläser füllen, mit je einem Minzezweig garnieren. Am besten sofort servieren oder ohne Deko in ein Schraubglas füllen und mitnehmen.

Für 2 große Gläser (à 350 ml) • Zubereitungszeit: 15 Min. • Pro Portion ca. 175 kcal, 8 g E, 5 g F, 24 g KH

APRIKOSEN-SMOOTHIE

VEGAN

240 g Aprikosen
200 g Cantaloupe-Melone
½ Bio-Limette
1 Orange
1 EL Cashewkerne
200 g Seidentofu (aus dem
   Bioladen oder Reformhaus)
50 ml stilles Mineralwasser
1 EL Agavendicksaft

AUSSERDEM
2 kurze Holzspießchen

1 Die Aprikosen waschen, halbieren und entsteinen. Eine Frucht beiseitelegen, die übrigen in Spalten schneiden. Die Melone entkernen, schälen und in grobe Stücke schneiden. Die Limette heiß waschen, abtrocknen, die Schale fein abreiben und den Saft auspressen. Die Orange halbieren und ebenfalls auspressen.

2 Erst die Aprikosenspalten und Melonenstücke, danach Cashewkerne, Seidentofu, Orangensaft, Limettenschale und -saft in den Mixbehälter geben. Mit Mineralwasser aufgießen und alles zunächst auf kleiner, dann auf höchster Stufe cremig pürieren. Den Drink mit Agavendicksaft süßen und diesen kurz untermixen.

3 Den Smoothie in die Gläser verteilen. Die beiseitegelegte Aprikose in acht Spalten schneiden, je vier Spalten auf ein Holzspießchen stecken und den Drink damit garnieren.

Für 2 Gläser (à 250 ml) • Zubereitungszeit: 15 Min. • Auftauzeit: ca. 15 Min. •
Pro Portion ca. 245 kcal, 8 g E, 13 g F, 23 g KH

KIRSCH-JOGHURT-DRINK

EINFACH

150 g TK-Sauerkirschen
(entsteint)
2 TL Zitronensaft
½ TL gemahlene Vanille
150 g griechischer Sahne-
joghurt
200 ml Milch
2 EL Ahornsirup
2 TL gemahlene Mohnsamen
(ersatzweise Zartbitter-
Schokoladenraspel)

1 Die TK-Kirschen ca. 15 Min. antauen oder bei einem weniger leistungsstarken Mixer komplett auftauen lassen.

2 Anschließend die Kirschen mit Zitronensaft und Vanille in den Mixbehälter geben. Joghurt und Milch hinzufügen und alles erst auf kleiner, dann auf höchster Stufe cremig-fein pürieren.

3 Den Drink mit Ahornsirup süßen und diesen kurz untermixen. Nach Belieben mit etwas Wasser bis zur gewünschten Konsistenz verdünnen und alles noch einmal kräftig durchmixen.

4 Den Drink in Gläser füllen, mit Mohnsamen oder Schokoladen-raspeln bestreuen und am besten sofort servieren. Alternativ ohne Garnierung in ein Schraubglas füllen und mitnehmen.

Für 2 große Gläser (à 350 ml) • Zubereitungszeit: 15 Min. • Pro Portion ca. 355 kcal, 5 g E, 19 g F, 37 g KH

ANANAS-NEKTARINEN-COLADA

VEGAN

1 Stück Ananas (ca. 300 g)
1 Nektarine
½ Bio-Limette
200 g Kokosmilch
   (aus der Dose)
100 ml Ananassaft
2 TL Rohrohrzucker
50 g Crushed Ice
2 Minzeblättchen
2 Kokoschips
2 kurze Holzspießchen

1 Ananas putzen, schälen, den Strunk entfernen und das Fruchtfleisch in Stücke schneiden. Zwei Ananasstücke für die Garnierung beiseitelegen. Die Nektarine waschen, halbieren, entsteinen und in grobe Stücke schneiden. Die Limette heiß waschen, abtrocknen, die Schale fein abreiben und den Saft auspressen.

2 Ananas, Nektarine, Limettenschale und -saft in den Mixbehälter geben. Mit Kokosmilch und Ananassaft auffüllen und alles erst auf kleiner, dann auf höchster Stufe cremig-fein pürieren. Den Rohrzucker hinzufügen und kurz und kräftig untermixen.

3 Das Eis auf Gläser verteilen, den Smoothie darübergießen. Je ein Ananasstück, ein Minzeblatt und einen Kokoschip auf ein Holzspießchen stecken und über den Glasrand legen. Am besten sofort servieren. Alternativ ohne Deko in ein Schraubglas füllen und mitnehmen.

ASIA-PAK-CHOI-SMOOTHIE

VEGAN

150 g Baby-Pak-Choi
4 Stängel Koriandergrün
½ Banane
2 Stangen Staudensellerie mit
  Grün (ca. 100 g)
1 Stängel Zitronengras
1 Stück Ingwer (ca. 2 cm lang)
2 EL Limettensaft
200 g Kokosmilch
Salz, Pfeffer
½ TL dunkles Sesamöl

TAUSCH-TIPP

Kokos trifft nicht jedermanns Geschmack. Der Drink schmeckt auch super mit grünem Tee. Wer keine Zeit hat, diesen frisch zuzubereiten und abkühlen zu lassen, kauft fertigen Grüntee mit Zitrone im Supermarkt.

1 Den Pak Choi putzen, waschen und den Strunk entfernen. Die Blätter und das Weiße in grobe oder bei einem weniger leistungsstarken Mixer in feine Streifen schneiden. Das Koriandergrün abbrausen, trocken schütteln und die Blättchen abzupfen. Die Banane schälen, grob schneiden. Den Sellerie putzen, waschen und in grobe Stücke schneiden. Vom Zitronengras die äußeren, harten Hüllblätter entfernen und das Innere der unteren 10 cm fein hacken. Den Ingwer schälen und fein würfeln.

2 Erst den Pak Choi, das Koriandergrün und die Banane, danach den Sellerie samt Grün, das Zitronengras, den Ingwer und Limettensaft in den Mixbehälter geben. Die Kokosmilch und 50 ml kaltes Wasser dazugießen und alles erst auf kleiner, dann auf höchster Stufe cremig-fein pürieren. Den Drink mit etwas Salz und Pfeffer würzen und beides kurz untermixen.

3 Den Smoothie auf Gläser verteilen und mit etwas dunklem Sesamöl beträufeln. Am besten sofort servieren und genießen. Alternativ in ein Schraubglas füllen und mitnehmen.

Für 2 Gläser (à 250 ml) • Zubereitungszeit: 10 Min. • Pro Portion ca. 65 kcal, 5 g E, 3 g F, 3 g KH

TOMATEN-LASSI

VEGAN

200 g Kirschtomaten
¼ Bund Schnittlauch
1 rote Pfefferschote
*   (ca. 10 cm lang)*
2 TL Limettensaft
200 g Sojaghurt
Salz, Pfeffer
50 g Crushed Ice

1 Kirschtomaten waschen, halbieren. Den Schnittlauch abbrausen, trocken schütteln und in feine Röllchen schneiden. Die Pfefferschote waschen, halbieren, weiße Trennwände und Kerne entfernen und fein würfeln, 1 TL davon für die Garnierung beiseitelegen.

2 Tomaten, Schnittlauch, Pfefferschote, Limettensaft und Sojaghurt in den Mixbehälter geben und alles zunächst auf kleiner, dann auf höchster Stufe cremig-fein pürieren. Den Drink mit Salz und Pfeffer pikant abschmecken und nochmals kurz und kräftig mixen.

3 Zum Schluss das Crushed Ice zugeben und im Tomaten-Joghurt klein mixen. Den Lassi in Gläser füllen, mit den beiseitegelegten Pfefferschotenwürfeln bestreuen und am besten sofort servieren. Alternativ ohne Deko in ein Schraubglas füllen und mitnehmen.

Für 2 große Gläser (à 350 ml) • *Zubereitungszeit: 15 Min.* • *Pro Portion ca. 130 kcal, 4 g E, 9 g F, 9 g KH*

GURKEN-RADIESCHEN-KEFIR

FRÜHLINGS-REZEPT

½ Salatgurke (ca. 200 g)
5 Radieschen mit Grün
  (ca. 100 g)
3 Stängel Petersilie
3 Stängel Basilikum
2 TL scharfer Senf
200 g Kefir
2 TL Leinöl
½ TL Honig
Salz, Pfeffer

1 Gurke putzen, waschen, 2 Scheiben zum Garnieren beiseite-legen, den Rest klein schneiden. Radieschen putzen, waschen, halbieren. 1 Handvoll Radieschenblätter verlesen und waschen. Kräuter abbrausen, trocken schütteln und die Blätter abzupfen.

2 Erst Gurkenstücke, Radieschenblätter und Kräuter, danach Radieschenhälften, Senf und Kefir in den Mixbehälter geben. Alles zunächst auf kleiner, dann auf höchster Stufe cremig-fein pürieren.

3 Leinöl, Honig sowie Salz und Pfeffer zugeben und nochmals alles kurz und kräftig mixen. Falls der Drink zu dickflüssig ist, mit etwas Wasser bis zur gewünschten Konsistenz verdünnen.

4 Den Kefir auf Gläser verteilen. Die Gurkenscheiben einschneiden und an den Glasrand stecken. Am besten sofort servieren. Alternativ ohne Deko in ein Schraubglas füllen und mitnehmen.

Für 2 Gläser (à 250 ml) • Zubereitungszeit: 10 Min. • Pro Portion ca. 175 kcal, 6 g E, 8 g F, 17 g KH

APFELKUCHEN-SMOOTHIE

SCHNELL

1 säuerlicher Apfel
(z. B. Elstar)
2 TL helles Mandelmus
2 EL Magerquark
½ TL Zimtpulver
¼ TL gemahlene Vanille
100 ml Apfelsaft
150 ml Milch
2 Amarettini

1 Den Apfel waschen, abtrocknen, vierteln und entkernen. Die Apfelviertel grob zerkleinern und in den Mixbehälter geben.

2 Mandelmus, Quark, Zimt und Vanille zu den Äpfeln geben. Mit dem Apfelsaft auffüllen und alles zunächst auf kleiner, dann auf höchster Stufe cremig pürieren. Zum Schluss die Milch hinzufügen und alles nochmals kurz und kräftig durchmixen.

3 Den Smoothie auf Gläser verteilen. Die Amarettini fein zerbröseln und darüberstreuen, am besten sofort servieren. Alternativ den Smoothie ohne Keksbrösel in ein Schraubglas füllen und mitnehmen.

Für 2 Gläser (à 250 ml) • Zubereitungszeit: 10 Min. • Pro Portion ca. 250 kcal, 7 g E, 12 g F, 23 g KH

MANGO-TRINKJOGHURT

ZUM FRÜHSTÜCK

*½ reife Mango
  (ca. 200 g, ohne Stein)
½ Zitrone
2 Orangen
150 g Joghurt
  (ersatzweise Sojaghurt)
¼ Vanilleschote
¼ TL gemahlene Kurkuma
30 g Tahin (Sesampaste)*

1 Die Mango schälen und in grobe Stücke schneiden. Die Zitrone schälen, dabei die weiße Haut weitgehend belassen. Das Fruchtfleisch grob würfeln. Die Orangen halbieren und auspressen.

2 Erst Mango und Zitrone, danach Joghurt, Vanilleschote, Kurkuma und Tahin in den Mixbehälter geben. Mit Orangensaft aufgießen und alles erst auf kleiner, dann auf höchster Stufe cremig pürieren.

3 Den Drink nach Belieben mit etwas Wasser bis zur gewünschten Konsistenz verdünnen. Dann auf Gläser verteilen und am besten sofort servieren. Alternativ in ein Schraubglas füllen und mitnehmen.

WÜRZIGE KAKI-ORANGEN-MILCH

WINTER-REZEPT

1 reife Kaki (ca. 200 g)
1 Bio-Orange
4 getrocknete Soft-Aprikosen
¼ Vanilleschote
250 ml Milch
2 Msp. Zimtpulver
2 Msp. gemahlene Nelken
1 Msp. gemahlener Kardamom
2 TL Honig (nach Belieben)

GUT ZU WISSEN

Getrocknete Soft-Früchte wie Aprikosen, Datteln, Feigen und Pflaumen sind weicher als herkömmliche Trockenfrüchte. Sie können daher ohne Einweichen zu einem cremigen Smoothie verarbeitet werden.

1 Kaki waschen, halbieren, Stielansatz entfernen. Das Fruchtfleisch in Stücke schneiden. Orange heiß waschen, abtrocknen und 2 TL Schale fein abreiben. Restliche Schale entfernen, das Fruchtfleisch würfeln. Soft-Aprikosen klein schneiden.

2 Erst die Kaki und das Orangenfruchtfleisch, danach 1 TL Orangenschale, Soft-Aprikosen und Vanilleschote in den Mixbehälter geben. Die Milch dazugießen und alles zunächst auf kleiner, dann auf höchster Stufe cremig-fein pürieren.

3 Zum Schluss die Gewürze und nach Belieben den Honig hinzufügen und nochmals kurz und kräftig mixen. Den Smoothie in Gläser füllen. Mit der übrigen geriebenen Orangenschale bestreuen und am besten sofort servieren. Alternativ ohne Deko in ein Schraubglas füllen und mitnehmen.

Für 2 große Gläser (à 350 ml) • Zubereitungszeit: 10 Min. • Einweichzeit: ca. 6 Std. •
Auftauzeit: ca. 10 Min. • Pro Portion ca. 300 kcal, 10 g E, 18 g F, 26 g KH

SCHOKO-CASHEW-SMOOTHIE

VEGAN

70 g Cashewkerne
(ersatzweise Erdnusskerne)
200 g Beeren (z. B. Himbeeren,
Heidelbeeren, Johannisbee-
ren, frisch oder tiefgekühlt)
50 g junger Blattspinat
2 EL Kakaopulver
1 EL Ahornsirup
1 Msp. Zimtpulver

1 Cashewkerne mit kaltem Wasser bedecken und mindestens 6 Std., am besten über Nacht einweichen. Dann in ein Sieb abgießen. Mit 200 ml frischem Wasser in den Mixbehälter füllen und zunächst bei kleiner, dann bei höchster Stufe glatt pürieren. Frische Beeren verlesen, kurz abbrausen, tiefgekühlte Beeren ca. 10 Min. antauen oder bei einem weniger leistungsstarken Mixer komplett auftauen lassen. Den Spinat verlesen, waschen und abtropfen lassen.

2 Erst den Spinat und die Beeren, danach den Kakao zum Cashew-Mus in den Mixbehälter geben. Alles zunächst auf kleiner, dann auf höchster Stufe glatt pürieren. Zum Schluss Ahornsirup und Zimt zufügen und kurz und kräftig untermixen. Nach Belieben mit etwas Wasser verdünnen. Den Drink in Gläser füllen und am besten sofort servieren. Alternativ in ein Schraubglas füllen und mitnehmen.

Für 2 große Gläser (à 350 ml) • Zubereitungszeit: 10 Min. • Pro Portion ca. 500 kcal, 14 g E, 39 g F, 23 g KH

WEISSER POWER-SMOOTHIE

VOLLWERT-REZEPT

2 sehr frische Eier (M)
3 EL Kokosöl
1 Stück Ingwer (ca. 1 cm lang)
1 EL Mandelmus
½ TL Chia-Samen
2 EL Zitronensaft
250 ml Milch
1 kleine Banane
1 Birne

1 Die Eier und das Kokosöl in den Mixbehälter geben. Den Ingwer schälen, fein würfeln und mit Mandelmus, Chia-Samen und Zitronensaft hinzufügen. Die Hälfte der Milch angießen und alles zunächst auf kleiner, dann auf höchster Stufe glatt pürieren.

2 Die Banane schälen und in grobe Stücke schneiden. Die Birne waschen, abtrocknen und den Stiel entfernen. Die Frucht samt Schale und Kernen in Stücke teilen. Banane und Birne zu den anderen Zutaten in den Mixbehälter füllen, mit der übrigen Milch aufgießen und so lange weitermixen, bis die Konsistenz sämig ist. Den Drink in Gläser füllen und mit einem Rührstick servieren.

TRENDIG & DE LUXE

BLUTORANGEN-DRINK MIT MILCHSCHAUM

WINTER-REZEPT

1 Blutorange (ersatzweise 1 kleine Orange)
100 g Rote Bete (roh, ersatzweise vorgegart und vakuumiert)
1 Stück Ingwer (ca. 1 cm lang)
½ reife Avocado
200 g Kokosmilch
100 ml stilles Mineralwasser
2 Msp. gemahlene Nelken
2 TL Honig
125 ml Milch
¼ TL gemahlene Vanille

TIPP

Wie wäre es zur Abwechslung mal mit einem warmen Smoothie? Dazu den Drink auf dem Herd kurz erhitzen, aber keinesfalls kochen, und mit dem Milchschaum sofort servieren.

1 Die Blutorange schälen und grob schneiden. Die Rote Bete schälen (am besten mit Einweghandschuhen, da sie stark färbt) und grob würfeln. Bei einem weniger leistungsstarken Mixer oder Verwendung eines Schneidstabs besser vorgegarte Rote Bete verwenden. Den Ingwer schälen und fein würfeln.

2 Avocado entkernen, das Fruchtfleisch mit einem Löffel aus der Schale heben und in den Mixbehälter geben. Blutorange, Rote Bete und Ingwer hinzufügen. Mit Kokosmilch und Mineralwasser aufgießen und alles zunächst auf kleiner, dann auf höchster Stufe cremig-fein pürieren. Zuletzt Nelkenpulver und Honig kräftig untermixen. Den Smoothie in Gläser füllen.

3 Die Milch mit der Vanille in einem kleinen Topf erhitzen und unter ständigem Schlagen mit dem Schneebesen oder mit einem Milchaufschäumer schaumig aufschlagen. Den Milchschaum mit einem Löffel auf den Smoothie geben und nach Belieben mit Vanille fein bestäuben. Sofort servieren.

GU
CLOU

Blutorangen haben einen herberen, kräftigeren Geschmack als Orangen und harmonieren sehr gut mit Roter Bete. Außerhalb der Saison (von April bis Dezember) kann man alternativ Direktsaft aus dem Kühlregal oder eine normale Orange verwenden.

Für 2 große Gläser (à 350 ml) • Zubereitungszeit: 20 Min. • Auftauzeit: ca. 30 Min. •
Pro Portion ca. 345 kcal, 9 g E, 24 g F, 21 g KH

MINT-LILA-SMOOTHIE

FÜR GÄSTE

150 g TK-Brombeeren
½ Bio-Limette
1 kleine, reife Avocado
300 g Joghurt (1,5 % Fett)
2 EL Agavendicksaft
1 EL Mandelmus
¼ TL gemahlene Vanille
4 Minzeblätter

1 Brombeeren ca. 30 Min. auftauen lassen. Limette heiß waschen, abtrocknen, die Schale fein abreiben und den Saft auspressen. Avocado halbieren, entkernen, das Fruchtfleisch mit einem Löffel aus der Schale heben und in einen hohen Rührbecher geben. Limetten-saft und -schale, 150 g Joghurt und 1 EL Agavendicksaft zugeben. Alles mit dem Pürierstab fein pürieren und in Gläser verteilen.

2 Rührbecher reinigen. Brombeeren, Mandelmus, Vanille sowie üb-rigen Agavendicksaft und Joghurt zugeben und alles fein pürieren. Nach Belieben durch ein feines Sieb streichen. Die Masse vorsichtig über einen Löffelrücken auf das Avocadopüree fließen lassen. Minze-blätter klein schneiden und aufstreuen. Den Drink am besten sofort servieren oder ohne Deko in ein Schraubglas füllen und mitnehmen.

Für 2 große Gläser (à 350 ml) • Zubereitungszeit: 20 Min. • Pro Portion ca. 265 kcal, 5 g E, 6 g F, 47 g KH

ROT-GRÜNER SCHICHTDRINK

HERBST-REZEPT

*100 g grüne kernlose
    Weintrauben
100 g Staudensellerie mit Grün
¼ Limette
1 EL Pistazienkerne
100 ml Haselnussdrink
2 TL Honig
2–3 blaue Feigen (ca. 150 g)
40 g getrocknete
    Soft-Cranberrys
200 ml Holunderbeersaft
2 TL Haselnussblättchen*

1 Trauben abbrausen, von den Stielen zupfen. Sellerie putzen, waschen, grob schneiden. Die Limette schälen und in Stücke schneiden. Erst Trauben und Limette, danach Sellerie und Pistazien in den Mixbehälter geben. Nussdrink zugießen und alles zunächst auf kleiner, dann auf höchster Stufe fein pürieren. Den Honig kurz untermixen. Das grüne Püree in Gläser füllen und kühl stellen.

2 Mixbehälter reinigen. Die Feigen abbrausen, trocken tupfen und vierteln, in den Mixbehälter geben. Cranberrys und Saft hinzufügen und alles wiederum fein pürieren. Die Masse vorsichtig über einen Löffelrücken auf das grüne Püree fließen lassen. Den Drink mit je 1 TL Haselnussblättchen bestreuen und am besten sofort servieren. Alternativ ohne Deko in ein Schraubglas füllen und mitnehmen.

KÜRBIS-SMOOTHIE MIT ZIMT-SAHNE

HERBST-REZEPT

200 g Muskat-Kürbis
1 Banane
1 Stück Ingwer (ca. 1 cm lang)
2 Medjoul-Datteln
2 EL Zitronensaft
150 ml Mandeldrink
½ TL gemahlene Vanille
1 Msp. gemahlene Nelken
50 g Sahne
Zimtpulver zum Bestäuben

GUT ZU WISSEN

Für einen Pürierstab ist roher Kürbis zu hart. So lässt sich der Drink aber trotzdem ganz einfach zubereiten: Das Kürbisfleisch auf der Rohkostreibe fein reiben und erst dann mit den übrigen Zutaten pürieren.

1 Den Kürbis schälen, die Kerne und Fasern entfernen, das Fruchtfleisch in Stücke schneiden. Die Banane schälen und in Scheiben schneiden. Den Ingwer schälen und fein würfeln. Die Datteln aufschneiden, entkernen und klein schneiden.

2 Erst die Banane, danach Kürbis, Ingwer und Datteln in den Mixbehälter geben. Zitronensaft, Mandeldrink und 100 ml kaltes Wasser angießen und alles erst auf kleiner, dann auf höchster Stufe cremig-fein pürieren. Zum Schluss die Gewürze hinzufügen und nochmals kurz und kräftig untermixen.

3 Den Smoothie auf Gläser verteilen. Die Sahne steif schlagen und je einen Klecks auf die Drinks geben. Alles mit Zimt bestäuben und mit einem Löffel sofort servieren.

RAINBOW-SMOOTHIE

FÜR GÄSTE

Für 4 Gläser (à 250 ml) • Zubereitungszeit: 45 Min. • Tiefkühlzeit: mind. 6 Std. • Auftauzeit: ca. 30 Min. •
Pro Portion ca. 270 kcal, 6 g E, 8 g F, 40 g KH

2 Bananen
300 g Joghurt
200 g TK-Heidelbeeren
8 TL Honig
50 g junger Blattspinat
½ reife Avocado
½ reife Mango
  (ca. 200 g, ohne Stein)
1 große Nektarine (ca. 200 g)
200 g TK-Himbeeren
30 g getrocknete Soft-Kirschen
  (entsteint)

BANANEN-MIX Bananen schälen, in grobe Stücke schneiden und in einem Gefrierbeutel mindestens 6 Std. tiefkühlen. Anschließend 5 Min. antauen lassen (Bild 1). Mit Joghurt fein pürieren und in fünf gleich große Portionen teilen.

VIOLETTE SCHICHT Heidelbeeren etwa 30 Min. antauen oder bei einem weniger leistungsstarken Mixer komplett auftauen lassen, dann mit 1 Portion Bananen-Mix und 2 TL Honig fein pürieren (Bild 2). Die Creme in Gläser verteilen.

GRÜNE SCHICHT Spinat verlesen, waschen und abtropfen lassen. Die Avocado entkernen und das Fruchtfleisch mit einem kleinen Löffel aus der Schale heben. Avocado, Spinat, 1 Portion Bananen-Mix und 2 TL Honig ebenfalls fein pürieren. Den grünen Mix vorsichtig auf die violette Schicht in den Gläsern geben (Bild 3). Gläser in den Kühlschrank stellen.

GELBE SCHICHT Die Mango schälen und in kleine Stücke schneiden, dann mit 1 Portion Bananen-Mix glatt pürieren. Die gelbe Creme vorsichtig auf die grüne Schicht in den Gläsern geben und diese wieder kühl stellen (Bild 4).

ORANGE SCHICHT Nektarine waschen, halbieren (Bild 5), entkernen und würfeln. Mit 1 Portion Bananen-Mix und 2 TL Honig fein pürieren. Die orange Masse vorsichtig auf die gelbe Schicht in den Gläsern geben. Kühl stellen.

ROTE SCHICHT Die Himbeeren ca. 30 Min. antauen oder bei einem weniger leistungsstarken Mixer komplett auftauen lassen. Mit den Kirschen, übrigem Honig und der letzten Portion Bananen-Mix fein pürieren. Die rote Schicht abschließend in die Gläser füllen und den Drink sofort servieren (Bild 6).

Für 2 große Gläser (à 350 ml) • Zubereitungszeit: 35 Min. • Quellzeit: 20 Min. •
Pro Portion ca. 260 kcal, 6 g E, 9 g F, 48 g KH

PORRIDGE-SHOT MIT PHYSALIS

ZUM FRÜHSTÜCK

250 ml Apfelsaft
2 EL zarte Haferflocken
2 EL gemahlene Mandeln
1 reife Birne (ca. 175 g)
200 g Dickmilch
125 g Physalis
1 EL Limettensaft
2 EL Knusper-Müsli

1 Den Apfelsaft aufkochen. Die Haferflocken und Mandeln in einer Schüssel vermischen, mit dem heißen Saft übergießen und ca. 20 Min. quellen lassen, bis die Masse lauwarm abgekühlt ist.

2 Birne waschen, abtrocknen, vierteln und entkernen. Die Birnenviertel grob zerkleinern. Den Flocken-Mandel-Mix mit Birnenstücken und Dickmilch in den Mixbehälter geben und zunächst bei kleiner, dann bei höchster Stufe fein pürieren. Auf Gläser verteilen.

3 Die Physalis aus den Hüllen lösen und halbieren. Mit dem Limettensaft beträufeln. Das Knuspermüsli und die Physalis auf den Drinks verteilen. Nach Belieben mit je einer Physalis in der Hülle garnieren und mit einem langstieligen Löffel servieren. Sofort genießen.

Für 2 große Gläser (à 350 ml) • Zubereitungszeit: 20 Min. • Pro Portion ca. 270 kcal, 6 g E, 7 g F, 44 g KH

MARONEN-LEBKUCHEN-DRINK

WINTER-REZEPT

50 g Feldsalat
100 g Maronen
   (vorgegart und vakuumiert)
1 grüner Apfel
2 Datteln
2 EL Zitronensaft
350 ml Mandeldrink
1 TL Lebkuchengewürz
2 TL Honig (nach Belieben)
2 TL Preiselbeeren
   (aus dem Glas)
2 TL geraspelte Zartbitter-
   schokolade

1 Den Feldsalat verlesen, gründlich waschen und abtropfen lassen. Die Maronen grob hacken. Den Apfel waschen, abtrocknen, vierteln und entkernen. Die Apfelviertel in grobe Stücke schneiden. Die Datteln aufschneiden, entkernen und klein schneiden.

2 Erst Salat und Maronen, danach Datteln, Apfel und Zitronensaft in den Mixbehälter geben. Mit dem Mandeldrink auffüllen und alles zunächst auf kleiner, dann auf höchster Stufe sehr fein pürieren.

3 Das Lebkuchengewürz und nach Belieben den Honig kurz und kräftig untermixen. Den Drink in Gläser verteilen. Mit je 1 TL Preiselbeeren und geraspelter Schokolade garnieren. Am besten sofort servieren oder ohne Deko in ein Schraubglas füllen und mitnehmen.

PFIRSICH-SMOOTHIE-DESSERT

FÜR GÄSTE

3 gelbfleischige Pfirsiche (ca. 450 g)
50 g Rohrohrzucker
50 ml Orangensaft
½ Vanilleschote
250 g Himbeeren
250 g griechischer Sahnejoghurt
2 EL Chia-Samen
4 Gebäckröllchen
etwas Zitronenmelisse

1 Die Pfirsiche waschen, halbieren, entsteinen und in Spalten schneiden. Den Zucker mit dem Orangensaft in einen Topf geben und aufkochen. Die Vanilleschote längs aufschneiden, das Mark herauskratzen und hinzufügen. Die Pfirsiche in den Sirup geben, alles einmal aufkochen lassen, dann den Topf vom Herd nehmen und die Masse ca. 1 Std. abkühlen lassen.

2 Die Himbeeren verlesen, kurz abbrausen und vorsichtig trocken tupfen. Die Hälfte der Himbeeren mit Joghurt sowie Chia-Samen in einen hohen Rührbecher geben und mit dem Pürierstab fein pürieren. Den Pürierstab reinigen, dann die abgekühlten Pfirsiche im Sirup ebenfalls fein zerkleinern.

3 Die Hälfte vom Himbeer-Joghurt in vier Gläser verteilen und mit der Hälfte der Pfirsichmasse auffüllen. Den restlichen Joghurt-Mix und das übrige Püree einschichten. Zum Schluss das Dessert mit den übrigen Himbeeren belegen.

4 Das Dessert mit je einem Gebäckröllchen und etwas Zitronenmelisse garnieren und mit einem Löffel servieren.

Für 2 Personen • Zubereitungszeit: 20 Min. • Pro Portion ca. 240 kcal, 4 g E, 15 g F, 20 g KH

GREEN-SMOOTHIE-BOWL

VEGAN

½ *reife Avocado*
2 *Kiwis*
½ *reife Mango*
   (ca. 200 g, ohne Stein)
1 *Dattel*
1 *Handvoll junger Blattspinat*
   (ca. 30 g)
2 *EL Zitronensaft*
2 *EL Heidelbeeren*
1 *EL Chia-Samen*
1 *EL heller Sesam*

1 Avocado entkernen, das Fruchtfleisch mit einem Löffel aus der Schale heben und in grobe Stücke schneiden. Kiwis schälen, würfeln. Mango schälen, das Fruchtfleisch zur Hälfte in Stücke schneiden, den Rest beiseitelegen. Die Dattel aufschneiden, entkernen, klein schneiden. Spinat verlesen, waschen und kurz abtropfen lassen.

2 Avocado, Kiwis, Mangostücke, Dattel, Spinat und Zitronensaft mit 200 ml kaltem Wasser in den Mixbehälter geben und alles erst auf kleiner, dann auf höchster Stufe cremig pürieren. Nach Belieben mit etwas Wasser bis zur gewünschten Konsistenz verdünnen.

3 Die übrige Mango in dünne Spalten schneiden. Die Heidelbeeren verlesen und kurz abbrausen. Den Smoothie auf zwei Schüsseln (Bowls) verteilen, mit Beeren und Mangospalten garnieren. Zum Schluss Chia-Samen und Sesam darüberstreuen und sofort servieren.

Für 2 Personen • Zubereitungszeit: 20 Min. • Auftauzeit: ca. 10 Min. •
Pro Portion ca. 195 kcal, 7 g E, 6 g F, 25 g KH

BEEREN-SMOOTHIE-BOWL

VITAMINREICH

2 EL kernige Haferflocken
1 EL Mandelblättchen
100 g TK-Himbeeren
100 g TK-Brombeeren
1 Banane
2–3 Blätter Radicchio
  (ca. 30 g)
1 EL getrocknete
  Soft-Cranberrys
200 g Schwedenmilch (skan-
  dinavische Sauermilch,
  ersatzweise Dickmilch)

1   Haferflocken und Mandeln in einer Pfanne ohne Fett bei mittlerer Hitze goldbraun anrösten. Vom Herd nehmen, abkühlen lassen.

2   Himbeeren und Brombeeren ca. 10 Min. antauen oder bei einem weniger leistungsstarken Mixer komplett auftauen lassen, einige Früchte zum Garnieren beiseitelegen. Die Banane schälen, in Scheiben schneiden. Radicchio waschen, putzen und grob schneiden.

3   Erst die Banane, danach Beeren, Radicchio und Cranberrys in den Mixbehälter füllen. Milch zugeben und alles zunächst auf kleiner, dann auf höchster Stufe bis zur gewünschten Konsistenz pürieren.

4   Den Smoothie auf zwei Schüsseln (Bowls) verteilen und mit den beiseitegelegten Beeren garnieren. Zuletzt den Flocken-Mandel-Mix darüberstreuen. Sofort servieren und genießen.

REGISTER

Abkürzungsverzeichnis:
E = Eiweiß
EL = Esslöffel
(gestrichen)
F = Fett
kcal = Kilokalorien
KH = Kohlenhydrate
Msp. = Messerspitze
Pck. = Päckchen
TK- = Tiefkühl-
TL = Teelöffel
(gestrichen)
Ø = Durchmesser

Projektleitung: Linh Nguyen
Lektorat: Dr. Stefanie Gronau
Korrektorat: Jutta Friedrich
Gesamtgestaltung: independent Medien-Design, München:
 Horst Moser (Artdirection), Lucie Heselich, Svenja Wamser
Herstellung: Renate Hutt
Satz: Kösel, Krugzell
Reproduktion: Medienprinzen GmbH, München
Druck und Bindung: Firmengruppe APPL, aprinta druck, Wemding
Syndication:
www.seasons.agency
Printed in Germany

4. Auflage 2020
ISBN 978-3-8338-6854-2

www.facebook.com/gu.verlag

GRÄFE UND UNZER

Ein Unternehmen der
GANSKE VERLAGSGRUPPE

DIE AUTORIN

Martina Kittler ist Oecotrophologin und Autorin zahlreicher Kochbücher. Sie legt viel Wert auf eine gesunde und ausgewogene Ernährung. Smoothies sind ihre Rettung im stressigen Alltag: Sie sind im Handumdrehen fertig, liefern viele wertvolle Vitamine und schmecken köstlich. In diesem Buch verrät Martina Kittler ihre besten Smoothie-Rezepte.

DIE FOTOGRAFIN

Coco Lang fotografiert Food und Stills in ihrem Werkstattstudio direkt am Münchner Viktualienmarkt. Zusammen mit den Foodstylisten **Fabian Weidner** (Rezeptfotos) und **Akos Neuberger** (Klappen) hat sie die Smoothies stilvoll in Bilder umgesetzt.

BILDNACHWEIS

Kathrin Koschitzki: Coverfoto, Autorenfoto: Michael Kremer Fotodesign,
Coco Lang: alle anderen Fotos

Umwelthinweis:

Dieses Buch ist auf PEFC-zertifiziertem Papier aus nachhaltiger Waldwirtschaft gedruckt.

LIEBE LESERINNEN UND LESER,

wir wollen Ihnen mit diesem Buch Informationen und Anregungen geben, um Ihnen das Leben zu erleichtern oder Sie zu inspirieren, Neues auszuprobieren. Wir achten bei der Erstellung unserer Bücher auf Aktualität und stellen höchste Ansprüche an Inhalt und Gestaltung. Alle Anleitungen und Rezepte werden von unseren Autoren, jeweils Experten auf ihren Gebieten, gewissenhaft erstellt und von unseren Redakteuren/innen mit größter Sorgfalt ausgewählt und geprüft.

Haben wir Ihre Erwartungen erfüllt? Sind Sie mit diesem Buch und seinen Inhalten zufrieden? Wir freuen uns auf Ihre Rückmeldung. Und wir freuen uns, wenn Sie diesen Titel weiterempfehlen, in Ihrem Freundeskreis oder bei Ihrem online-Kauf.

Sollten wir Ihre Erwartungen so gar nicht erfüllt haben, tauschen wir Ihnen Ihr Buch jederzeit gegen ein gleichwertiges zum gleichen oder ähnlichen Thema um.

KONTAKT ZUM LESERSERVICE

GRÄFE UND UNZER VERLAG
Grillparzerstraße 12
81675 München
www.gu.de

APPETIT AUF MEHR?

ISBN 978-3-8338-6625-8

ISBN 978-3-8338-7139-9

ISBN 978-3-8338-6874-0

ISBN 978-3-8338-6879-5

ISBN 978-3-8338-7296-9

ISBN 978-3-8338-7140-5

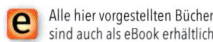

Alle hier vorgestellten Bücher
sind auch als eBook erhältlich.

Mehr von GU auf **www.gu.de** und **facebook.com/gu.verlag**

DIE »GU KOCHEN PLUS«-APP

1 APP HERUNTERLADEN

Laden Sie die kostenlose »GU Kochen Plus«-App im Apple App Store oder im Google Play Store auf Ihr Smartphone. Starten Sie die App und wählen Sie Ihren Küchenratgeber aus.

2 REZEPTBILD SCANNEN

Scannen Sie das gewünschte Rezeptbild mit der Kamera Ihres Smartphones. Klicken Sie im Display die Funktion Ihrer Wahl.

3 FUNKTIONEN NUTZEN

Sammeln Sie Ihre Lieblingsrezepte. Speichern und verschicken Sie Ihre Einkaufslisten. Oder nutzen Sie den praktischen Supermarkt-Finder und den Rezept-Planer.